■ Welches Wort gibt es nicht? Streiche es durch.

Autoreifen

Armreifen

~~Schuhreifen~~

Lamaball

Basketball

Fußball

Schuhreifen gibt es doch nicht!

Haustür

Grastür

Autotür

Badewasser

Trinkwasser

Tanzwasser

2

■ Welches Wort gibt es nicht? Streiche es durch.

Handball

Handschuh

Handnuss

Briefhexe

Briefmarke

Briefkasten

Bettkasten

Bettkatze

Bettzeug

Schreibheft

Schreibtisch

Schreibtür

Unsinnwörter

■ Welcher Satz stimmt nicht? Streiche ihn durch.

Heben Affen Puppen?

Igel haben viele Stacheln.

Affen heben viele Puppen.

Vögel haben viele Federn.

Fische haben viele Schuppen.

Haie haben viele Zähne.

Sätze

■ Welcher Satz stimmt nicht? Streiche ihn durch.

Mit Schuhen kann man gut laufen.

Mit Flossen kann man gut schwimmen.

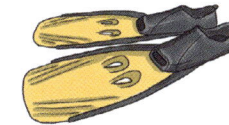

Mit Rollern kann man gut fahren.

Mit Flugzeugen kann man gut fliegen.

Mit Steinen kann man gut springen.

5

- Setze Trennstriche.

DER|GOLDFISCH|SCHWIMMT|IM|GLAS.

ÜBERDEMSESSELHÄNGTEINBILD.

IMOFENBRENNTEINFEUER.

DERBRAUNEHUNDSPIELTMITDEMBALL.

DERPIRATFINDETEINETRUHEMITGOLD.

■ Setze Trennstriche.

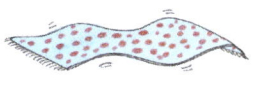 DERTEPPICHISTBLAUMITROTENPUNKTEN.

 INDERSTADTSTEHTEINHOHERTURM.

 AMMORGENSEHEICHAUSDEMFENSTER.

 DIESUPPEISTWÄRMERALSEIS.

 DASFLUGZEUGFLIEGTHOCHAMHIMMEL.

■ Welcher Satz gehört nicht hinein? Streiche ihn durch.

Die kleine Kastanie

An einem Baum hängt eine kleine Kastanie.

Anna liegt am Strand.

Da kommt ein Windstoß.

Traurig liegt die Kastanie am Boden.

Im Frühjahr entsteht aus ihr ein neuer Baum.

Ein Satz passt nicht in den Text.

 8

- Welcher Satz gehört nicht hinein? Streiche ihn durch.

Die Truhe

Lotte geht mit Oma auf den Dachboden.

Dort steht eine Truhe.

Neben unserem Haus ist eine Baustelle.

Plötzlich hören sie aus der Truhe ein Geräusch.

Es ist nur eine kleine Maus!

■ Markiere den richtigen Satz.

Eine Frau schiebt einen Kinderwagen am Ufer entlang. | O

Eine Frau fliegt in einem Kinderwagen am Ufo entlang. | G

Am Abend schreit Eva das Land an. | E

Am Abend schaltet Eva das Licht an. | M

Mittags um zwölf fängt Mutter eine Puppe. | S

Mittags um zwölf kocht Mutter eine Suppe. | A

Lösungswort: __O__ ____ ____

10

■ Markiere den richtigen Satz.

Lotta kehrt mit Oma einen Brief. ☐ T

Lotta fährt mit Oma in einem Boot. ☐ A

Die Sonne scheint und wir essen ein Eis. ☐ R

Die Sonne weint und wir messen einen Kreis. ☐ U

Der mutige Ritter besiegt den grausamen Drachen. ☐ M

Das mutige Gitter befreit den grausamen Drachen. ☐ B

Lösungswort: ___ ___ ___

Anoki und Luna träumen. Überall sehen sie wilde Tiere.

■ Male an und zähle.

_____ Schlangen   _____ Papageien   _____ Spinnen   _____ Tiger

Emil versucht, Anokis Schatten zu zeichnen.
Nur ein Schattenbild ist richtig.

- Vergleiche und kreuze an.

☐ 1   ☐ 2   ☐ 3   ☐ 4

■ Lies den Text.

Liebe Melina,

bald habe ich Geburtstag. Ich werde 7 Jahre alt.
Ich lade dich zu meiner Feier ein.

Wann? Am 19. April, um 15 Uhr.
Wo? Bei mir zu Hause in der Jakobstraße 17.

Bring bitte feste Schuhe und Regensachen mit.
Um 19 Uhr können dich deine Eltern abholen.

Ich freue mich auf dich!

Liebe Grüße
dein Noah

Fragen zum Text

- Markiere im Text.

☑ Wen lädt Noah ein?

☐ Wann findet die Feier statt?

☐ Wo wohnt Noah?

☐ Was soll Melina mitbringen?

☐ Wann ist die Feier zu Ende?

Hake ab, was du gefunden hast.

■ Welches Wort ist richtig? Kreuze an.

 ☒ Sonne
☐ Sahne

 ☐ Nagel
☐ Nadel

 ☐ Schal
☐ Schlange

 ☐ Elefant
☐ Eltern

 ☐ Kralle
☐ Katze

 ☐ Schnur
☐ Schnee

 ☐ Tonne
☐ Tanne

 ☐ Glas
☐ Gras

 ☐ Sessel
☐ Segel

- Welches Wort ist richtig? Kreuze an.

 ☐ Stiefel
☐ Stuhl

 ☐ Schnabel
☐ Schnecke

 ☐ Polizei
☐ Papagei

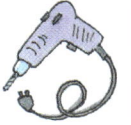 ☐ Bohne
☐ Bohrer

 ☐ Torwart
☐ Torte

 ☐ Kissen
☐ Kiste

 ☐ Schüssel
☐ Schlüssel

 ☐ Trompete
☐ Tomate

 ☐ Lupe
☐ Lutscher

■ Male.

Merlus Mantel

Das ist der Mantel von Zauberer Merlu.

Merlus Mantel hat vier gelbe Monde.

Er hat einen roten Gürtel.

Die Taschen sind orange.

Merlu hat auch Schuhe und einen Zauberstab.

Die Schuhe sind blau.

Sein Zauberstab hat einen großen Stern.

■ Male.

Alanos Mantel

Das ist der Mantel von Zauberer Alano.

Alanos Mantel hat große gelbe Knöpfe.

Der Gürtel ist lila.

Die Taschen sind blau.

Alano hat auch Stiefel und einen Zauberhut.

Die Stiefel sind rot.

Sein Zauberhut hat grüne Punkte.

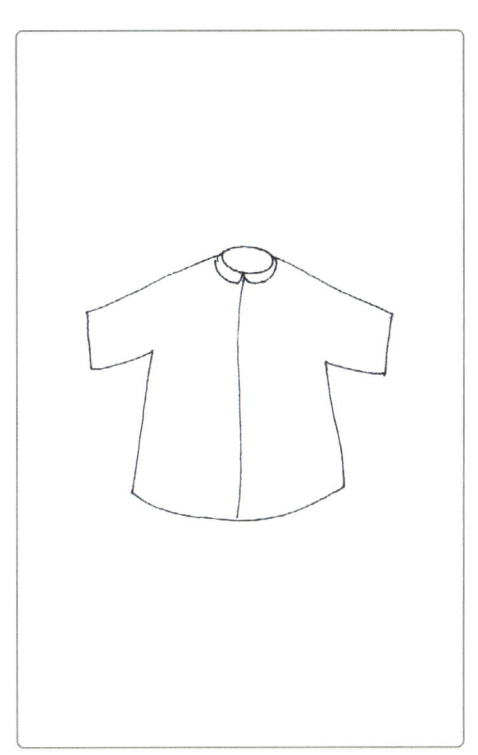

■ Wer bin ich? Kreuze an.

Ich darf viel reisen.
Dabei bin ich immer in der Luft.
Ich bringe den Fluggästen Getränke und Essen.

Ich bin eine …

☐ Lokführerin.　　☒ Flugbegleiterin.

Ich denke mir Geschichten aus.
Ich schreibe Bücher.
Manchmal lese ich meine Geschichten vor.

Ich bin ein …

☐ Autor.　　☐ Lehrer.

- Wer bin ich? Kreuze an.

Meine Arbeitszeit beginnt in der Nacht.
Dann knete ich Teig.
Aus ihm mache ich Brötchen und Brote.

Ich bin eine …

☐ Köchin.   ☐ Bäckerin.

Ich arbeite viel mit der Schere.
Jeden Tag kommen viele Menschen zu mir.
Ich wasche, schneide und färbe ihre Haare.

Ich bin ein …

☐ Schneider.   ☐ Frisör.

■ Setze Trennstriche.

NORASIEHTEINESPURIMSCHNEE.

IMZOOSEHENWIRWILDELÖWENUNDBÄREN.

AUFDEMKIRCHTURMSITZTEINETAUBE.

TOMISTKRANKUNDLIEGTMÜDEIMBETT.

ONKELMATTHIASTANZTMITTANTEANNA.

- Setze Trennstriche.

 KATEROSKARSPRINGTAUFDENTISCH.

 DERPOLIZISTNIMMTDENVERBRECHERFEST.

 DERBAUERFÄHRTMITDEMTRAKTORÜBERDIEFELDER.

 UMMITTERNACHTSPUKTESAUFDEMDACH.

 DIEHEXEBRAUTEINENZAUBERTRANK.

Test 1, S. 46

Anoki überlegt: Vielleicht wird Emil einmal Zauberer?
Ob Luna später Ärztin wird?

Anoki kann sich nicht entscheiden.
Es gibt so viele Berufe!

24

■ Markiere die Berufe.

- ☑ PILOT
- ☐ ARZT
- ☐ KOCH
- ☐ MUSIKER
- ☐ ZAUBERER
- ☐ SCHNEIDER
- ☐ FOTOGRAF

K	O	C	H	D	U	X	L	I
A	M	P	I	L	O	T	O	B
R	W	E	S	P	T	G	V	U
Y	F	O	T	O	G	R	A	F
D	N	Z	A	R	Z	T	C	E
U	E	G	M	O	K	U	B	H
S	C	H	N	E	I	D	E	R
P	V	E	Z	T	W	A	X	A
E	Z	A	U	B	E	R	E	R
M	U	S	I	K	E	R	C	N

- Lies den Text.

Rezept für Erdbeerquark

Du brauchst:
1 Schale Erdbeeren, 2 Esslöffel Zucker, 2 Schalen Quark, etwas Milch

So geht es:
1. Wasche die Erdbeeren und schneide sie klein.
2. Zerdrücke die Erdbeeren mit einer Gabel.
3. Mische sie in einer Schüssel mit dem Zucker.
4. Lass die Erdbeeren kurz stehen.
5. Verrühre die Milch mit dem Quark.
6. Gib die Erdbeeren hinzu und rühre gut um.

Guten Appetit!

26

- Markiere im Text.

☐ **Wofür** ist das Rezept?

☐ **Welche** Zutaten brauchst du?

☐ **Womit** zerdrückst du die Erdbeeren?

☐ **Womit** vermischst du die Erdbeeren?

☐ **Womit** verrührst du die Milch?

Hake ab, was du gefunden hast.

■ Welcher Satz stimmt nicht? Streiche ihn durch.

Äpfel wachsen auf Bäumen.

Kartoffeln wachsen in der Erde.

Torten wachsen auf Bergen.

Erdbeeren wachsen auf Feldern.

Himbeeren wachsen an Sträuchern.

Wachsen Torten auf Bergen?

28

- Welcher Satz stimmt nicht? Streiche ihn durch.

Zum Gewitter gehören Blitz und Donner.

Zum Regen gehören Wind und Wolken.

Zur Nacht gehören Mond und Sterne.

Zu Mittag gibt es Nudeln mit Nebel.

Zum Tag gehören Sonne und Licht.

- Wer bin ich? Kreuze an.

Ich fahre den ganzen Tag durchs Land.
An Bahnhöfen halte ich an.
Dort steigen Menschen aus und ein.

Ich bin eine …

☐ Lokführerin. ☐ Pilotin.

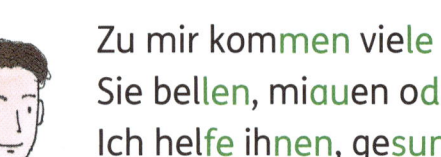

Zu mir kommen viele Kranke.
Sie bellen, miauen oder singen und haben Fell oder Federn.
Ich helfe ihnen, gesund zu werden.

Ich bin ein …

☐ Zahnarzt. ☐ Tierarzt.

- Wer bin ich? Kreuze an.

Mein Beruf ist gefährlich.
Ich trage einen roten Anzug und einen Helm.
Ich komme sofort, wenn es irgendwo brennt.

Ich bin ein ...

☐ Feuerwehrmann.　　☐ Polizist.

Jeden Tag bin ich jemand anders.
Ich stehe auf der Bühne.
Dafür verkleide ich mich und lerne viele Texte auswendig.

Ich bin eine ...

☐ Lehrerin.　　☐ Schauspielerin.

- Male.

Samira am Strand

Samira ist am Strand.

Ihr Handtuch ist blau.

Es sind kleine Äpfel darauf.

Ihr Sonnenschirm hat rote Punkte.

Auf Samiras Handtuch liegt ein Wasserball.

Daneben steht ein gelber Eimer.

Im Eimer steckt eine grüne Schaufel.

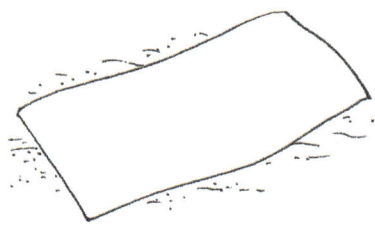

- Male.

Laura am Strand

Laura ist am Strand.

Auf ihrem roten Handtuch sind Sterne.

Lauras Sonnenschirm ist blau-weiß gestreift.

Auf Lauras Handtuch liegt ihre Sonnenbrille.

Sie ist schwarz.

Daneben steht ihre grüne Strandtasche.

In der Tasche steckt eine gelbe Flasche.

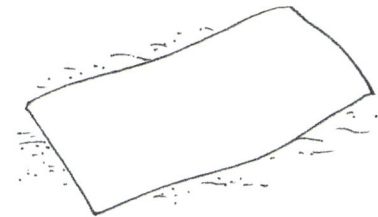

Anoki und Luna überlegen:
Wie diese lustigen Tiere wohl aussehen?

■ Wähle ein Fantasietier aus und male es.

■ Welches Wort gibt es nicht? Streiche es durch.

Turnschuh

Hausschuh

Katzenschuh

Küchenfenster

Tischfenster

Dachfenster

Musikbrille

Sonnenbrille

Schwimmbrille

Schreibtisch

Esstisch

Trinktisch

36

■ Welches Wort gibt es nicht? Streiche es durch.

Eisbär

Eisbaum

Eisbecher

Spielplatz

Spielzeug

Spielwolke

Leselappen

Leselampe

Lesebuch

Hosenbein

Hosentasche

Hosenstift

■ Markiere den richtigen Satz.

Meine Tante hat schwarze Locken.   B

Meine Tinte hat schwarze Socken.   P

Meine Hummel nagt in der Nacht am Gummi.   N

Mein Hamster nagt in der Nacht am Gitter.   U

Lehrer Müller trägt eine braune Brille.   S

Lehrer Müller sägt eine braune Brezel.   F

Lösungswort: ____ ____ ____

■ Markiere den richtigen Satz.

Das Monster ist grün und hat rote Augen. ⬚ L

Die Mutter ist grün und hat rote Autos. ⬚ W

Der Vogel sitzt auf dem Baum und singt. ⬚ O

Der Vater sitzt auf dem Baum und stinkt. ⬚ R

In der Schale schreiben wir heute eine Malerarbeit. ⬚ T

In der Schule schreiben wir heute eine Mathearbeit. ⬚ B

Lösungswort: ___ ___ ___

■ Welches Wort ist richtig? Kreuze an.

 ☐ Postkasten
☐ Postkarte

 ☐ Badehose
☐ Badeanzug

 ☐ Brettspiel
☐ Ballspiel

 ☐ Badewanne
☐ Badewetter

 ☐ Sonnenhut
☐ Sonnenschein

 ☐ Fliege
☐ Flugzeug

 ☐ Regenschirm
☐ Regenbogen

 ☐ Fledermaus
☐ Federbett

 ☐ Hühnerei
☐ Hühnersuppe

Genaues Lesen

■ Welches Wort ist richtig? Kreuze an.

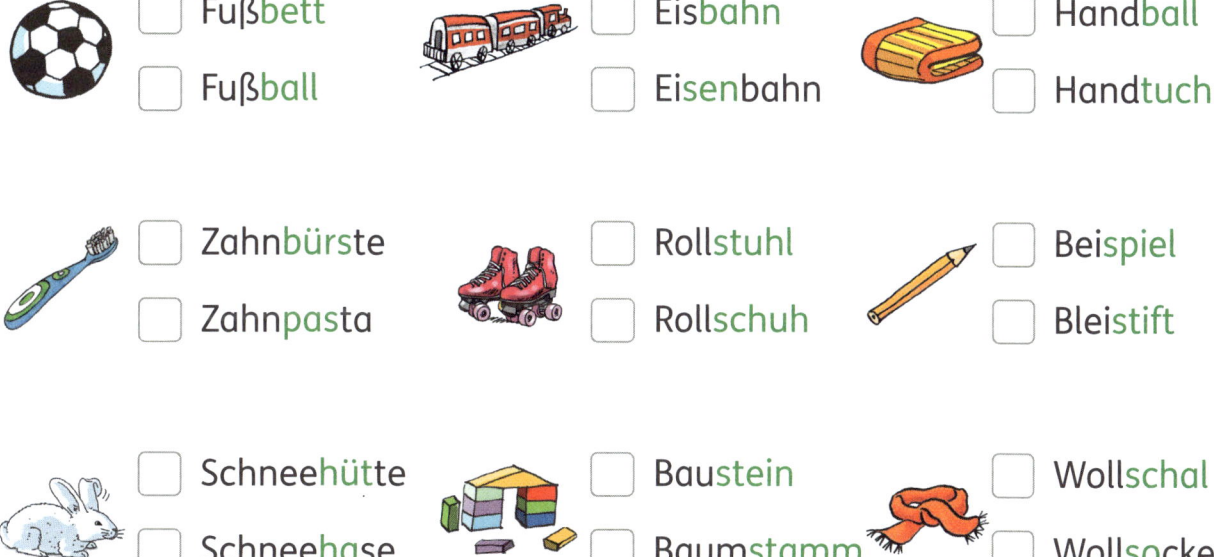

☐ Fußbett
☐ Fußball

☐ Eisbahn
☐ Eisenbahn

☐ Handball
☐ Handtuch

☐ Zahnbürste
☐ Zahnpasta

☐ Rollstuhl
☐ Rollschuh

☐ Beispiel
☐ Bleistift

☐ Schneehütte
☐ Schneehase

☐ Baustein
☐ Baumstamm

☐ Wollschal
☐ Wollsocke

41 ☐

■ Welcher Satz gehört nicht hinein? Streiche ihn durch.

Ein Satz passt nicht in den Text.

Die Prinzessin

Es war einmal eine wunderschöne Prinzessin.

Wolken haben verschiedene Formen.

Sie lebte auf einem Schloss und war sehr einsam.

Da feierte die Prinzessin ein großes Fest mit vielen Menschen.

Nun war die Prinzessin nicht mehr einsam.

■ Welcher Satz gehört nicht hinein? Streiche ihn durch.

Der Eisbär

Ich will einmal zum Nordpol laufen

und dort mit einem Eisbären raufen.

Jonas beobachtete eine Mücke.

Ich werde ein Buch darüber schreiben

und für immer am Nordpol bleiben.

■ Wer ist Luna? Lies genau und male Luna richtig an.

Anoki will Luna einen Schal schenken.

Vor ihrem Haus trifft er auch Lunas Schwester.

Ob Anoki Luna gleich erkennt?

Luna trägt ein kurzes rotes Kleid.

Es hat blaue Streifen.

Lunas Turnschuhe sind auch blau.

In ihrer gelben Tasche hat sie eine

grüne Trinkflasche.

Luna hat zwei Zöpfe.

44

1

2

Test 1

- Setze Trennstriche.

 TIMLÄUFTANEINERALTENKIRCHEVORBEI.

 IMHERBSTFALLENBUNTEBLÄTTERVONDENBÄUMEN.

 JANSPIELTSEINERTANTEEINSTÜCKVOR.

 MORGENSSCHAUTIDAZUERSTINDENSPIEGEL.

 AUFDEMSCHULWEGTRIFFTOLEEINENHUND.

■ Welcher Satz gehört nicht hinein? Streiche ihn durch.

Ich kannte mal ein Mädchen, das hieß Hanne.

Es lag am liebsten in der Badewanne.

Heute gibt es rote Äpfel zum Frühstück.

Die Mutter zog den Stöpsel raus,

da war der Spaß für Hanne aus.

Emil spielt mit Luna und Anoki Verstecken.
Auch Anokis Hund ist dabei!

- Hilf Emil: Wo sind seine Freunde?
  Zeichne die richtigen Wege ein.

EINGANG